Gente
editora

coisasboas@editoragente.com.br

Anderson Cavalcante

AS COISAS BOAS DA VIDA

19ª Edição

Gente
editora

Projeto Editorial *T. C. Comunicações*
Projeto gráfico e Capa *Marcelo S. Almeida*
Revisão *Maria Alayde Carvalho*
Impressão e acabamento *Arvato do Brasil Gráfica*
Fotos *Getty Images*

Dados Internacionais de Catalogação na Publicação (CIP)
(Câmara Brasileira do Livro, SP, Brasil)

Cavalcante, Anderson

As Coisas Boas da Vida / Anderson Cavalcante. -- São Paulo : Editora Gente, 2002.

ISBN 978-85-7312-385-2

1. Alegria 2. Conduta de vida 3. Felicidade I. Título

02-6167   CDD-158

Índice para catálogo sistemático:
1. Conduta de vida : Psicologia aplicada   158
2. Felicidade : Psicologia aplicada   158

Todos os direitos desta
edição são reservados à Editora Gente.
Rua Pedro Soares de Almeida, 114. São Paulo, SP
CEP 05029-030. Telefone: (11) 3670-2500
Site: http://www.editoragente.com.br
E-mail: gente@editoragente.com.br

Dedico a todas as pessoas que
percebem e curtem as coisas
boas da vida.

Agradecimentos

À Tábata, minha esposa e amiga, por acordar todos os dias ao meu lado e me lembrar o quanto nos amamos e queremos o bem um do outro.

Aos meus Avós, raízes profundas da maravilhosa família que me deram e aos meus pais por me ensinarem a valorizar cada momento da vida.

Às minhas irmãs Andréa e Vanessa, por serem minhas companheiras na caminhada da vida e morarem no meu coração.

A todos os meus familiares e amigos cujas experiências compartilhadas comigo resultaram em valiosas contribuições. Em especial Jorge Ressati, Juliana Belmiro da Silva, Márcio e Vanessa Santiago, Samuel Pereira dos Santos, Alexandre Abbott, Rosely e Luísa Boschini, Beatriz Black, Jefi Makarkis e Donaide Armani.

A Roberto Shinyashiki, meu amigo e mestre, por sempre acreditar em mim.

A toda a equipe do Instituto e da Editora Gente, parte da minha família.

E a Deus por ser tão generoso comigo, me brindando com essas pessoas, com Seu amor e dedicação, sempre iluminando o meu caminho.

Introdução

A felicidade é feita de coisas pequenas e simples.

Beijar um filho é algo pequeno e simples, mas que cria a felicidade de verdade tanto para o pai quanto para o filho.

Mandar uma mensagem de gratidão a um professor da escola também é algo pequeno e simples, mas que dá significado para seguir na vida com mais alegria.

Este é um livro sobre coisas simples que criam a verdadeira felicidade.

Em um mundo onde cada vez mais há todos os tipos de guerra, competição, desemprego, estresse, violência, meu objetivo é mostrar quanto é importante ser feliz, e para ser feliz é preciso algo muito simples, que muitas vezes está ao seu lado e você na rotina do dia-a-dia não se permite ver.

As coisas boas da vida vêm mostrar que não precisamos de dinheiro nem de recursos materiais, mas de um comprometimento definitivo com a felicidade.

Um comprometimento diário, que vem do fundo do coração, do fundo da alma, que faz com que você não durma um dia sequer sem agradecer a dádiva de estar vivo.

A felicidade é construída todos os dias com pequenas ações simples que afloram daquela parte mais íntima do seu ser e que muitas vezes a correria da vida acaba sufocando.

Lembra-se de quando você era criança e, escondido da sua mãe, ia brincar na rua pulando debaixo da água da chuva?

Quanto era prazerosa essa sensação em que você não se importava pela roupa?

A ingenuidade e a inocência eram os únicos requisitos necessários para esse momento de felicidade.

Ah! Lógico que tinha a cumplicidade do olhar da sua mãe apesar de parecer que ela desaprovava o que você estava fazendo.

Depois você cresceu, mas na sua adolescência aquela criança interior ainda adorava fazer coisas simples que propiciavam uma intensa sensação de plenitude.

E beijar na boca, hein? Quantas vezes você ficou sem dormir direito imaginando esse momento sublime.

Lembra a sensação que antecedia os seus primeiros beijos?

Aquela ansiedade misturada com desejo e a dúvida de não saber se estava fazendo certo. Aquela alegria de estar fazendo algo tão sonhado.

E hoje você já realizou tantos sonhos e será que está desfrutando essas vitórias?

Você tem sua casa, seus filhos, o amor da sua vida... E será que você ainda saboreia a vida com aquele prazer de comer manga sem garfo nem faca?

Hoje você está acordando ao lado de quem você ama.

Tem a dignidade do seu trabalho.

Tem amigos para todas as horas para aquele bate-papo sem hora para terminar.

Mas será que a sua vida tem o colorido de todos os seus sonhos?

Este livro é para lembrar você de curtir tudo o que a vida tem lhe dado de presente.

Quero pedir que você seja feliz mesmo que nem todos os seus projetos de vida tenham se materializado. Feliz de verdade em coisas pequenas e simples.

Feliz em suspirar de saudade do amor da sua vida.

Feliz em cometer pequenos pecados que não fazem mal para ninguém mas que aquecem a nossa alma.

O delicioso pecado de comer um *banana split* com três bolas imensas de sorvete cada um de um sabor, chocolate, morango e creme, repleto de calda e muito *marshmallow* e com uma, ou melhor, duas cerejas!

Curtir quinze minutos deste dia ensolarado!

Telefonar para alguém muito especial!

Esquecer o padrão de beleza que o mundo nos impõe e cuja idéia é criar Olívia Palito e comer uma feijoada com torresminho e tudo!

Arrisque trocar um flerte no trânsito, isso não vai fazer você mais sério nem menos sério, em compensação você se divertirá muito, aumente o som e arrisque essa troca de olhar, esse olhar do outro vai passar uma energia que contagia.

Apesar de tudo o que você tem para fazer neste sábado, morgar totalmente e ficar sem fazer nada. Há quanto tempo você não fica sem fazer nada?

Dar de presente um dia para você. Acordar e ficar na cama sem compromisso com nada e com ninguém, só com você!

As pessoas se privam dos pequenos pecados e ficam lotadas de frustrações e um dia, chocadas, descobrem que estão explodindo e cometendo os grandes pecados.

O mundo está cheio de gente frustrada, gente infeliz que vive sempre se proibindo de tudo. Não seja mais um angustiado neste mundo de tantas pessoas infelizes.

Curta você, curta as pessoas ao seu redor, curta os pequenos prazeres, os grandes também. Não desperdice uma oportunidade de ser feliz.

Se tiver que se arrepender de algo, se arrependa do que você fez, jamais do que você deixou de fazer.

Por favor, dê um jeito de ser feliz.

A partir de agora você tem um único compromisso: olhar as coisas boas da vida.

Outros livros vão falar de trabalho. Este é para falar do prazer de viver.

Se cuidar bem de você vai ser muito mais fácil batalhar pelos seus sonhos.

Seja feliz e curta o presente da sua vida!

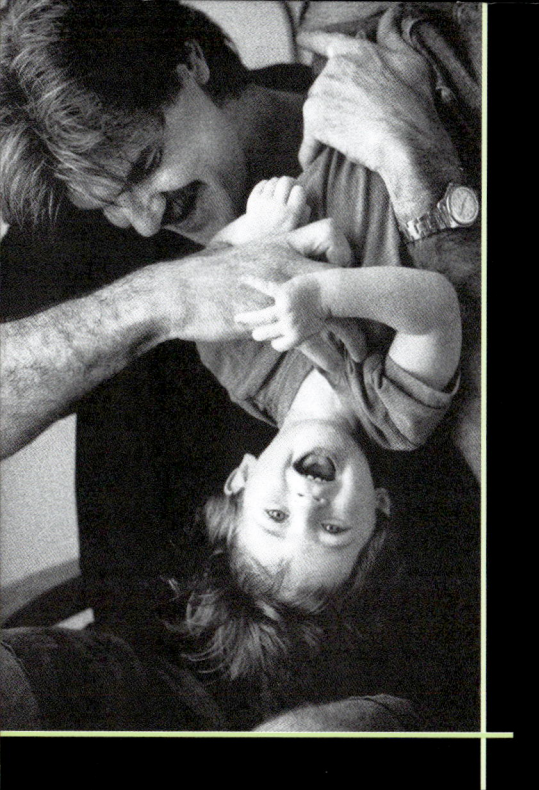

O mundo é mais

gostoso para quem

sabe ver melhor...

Que tal começar

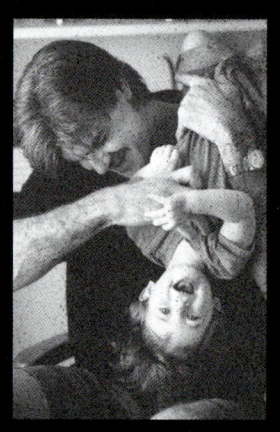

As coisas boas da vida

Gente de coração grande sabe ver a *grandeza* nas *pequenas coisas.*

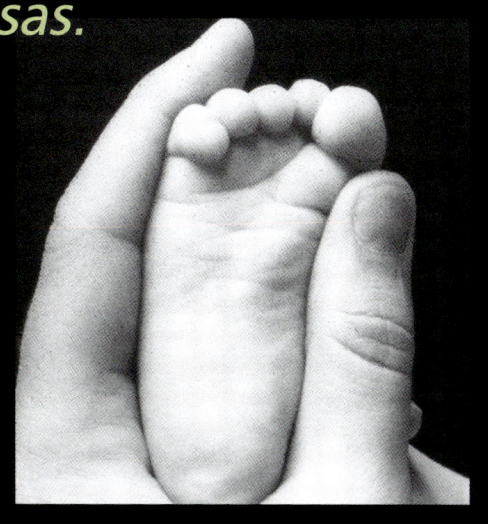

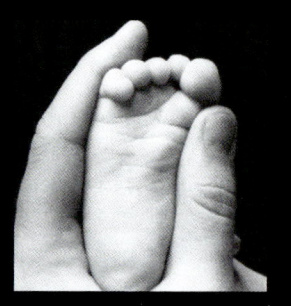

As coisas boas da vida

Sempre é tempo de *ser feliz*, quem sabe voltar a *ser criança*.

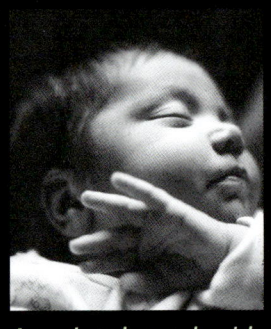

As coisas boas da vida

Antes de mais nada: você tem que estar em um lugar *confortável* e nutrido.

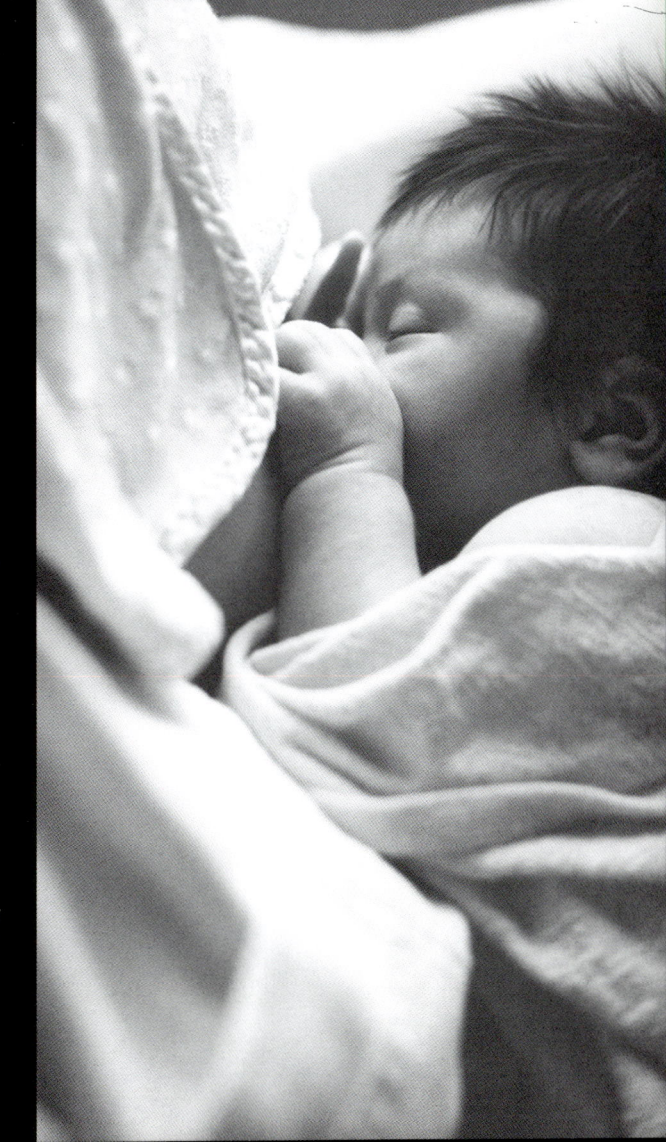

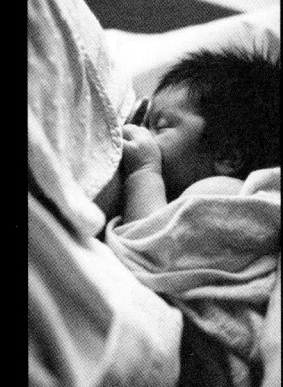

As coisas boas da vida

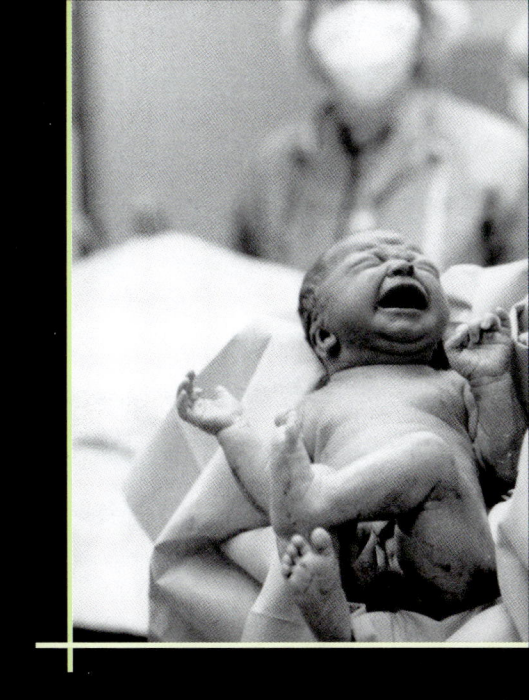

Agora você está

pronto para o mundo.

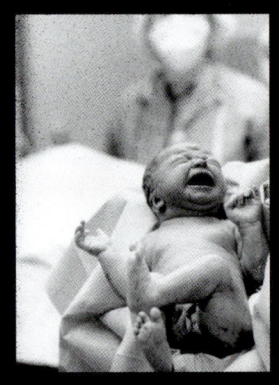

As coisas boas da vida

Lembre-se: não tenha pressa

mesmo que você tenha vontade

de *ser gente grande.*

As coisas boas da vida

Crie o hábito de ver o

mundo lá de cima,

As coisas boas da vida

tenha sempre alguém especial em quem *confiar,* alguém que você possa *seguir.*

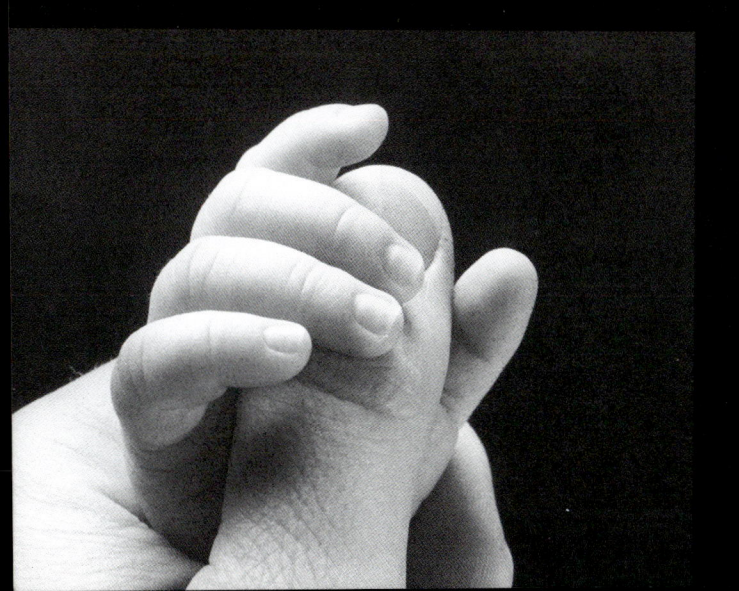

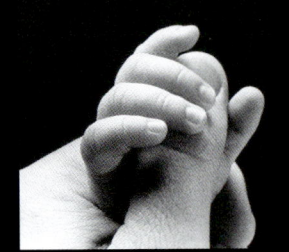

As coisas boas da vida

E verdadeiros amigos para *sempre lembrar* o que você já viveu.

As coisas boas da vida

Aprenda a *brincar,*

As coisas boas da vida

Experimente,

ouse,

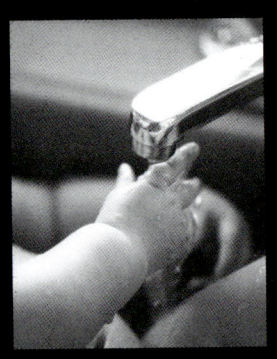

As coisas boas da vida

tire o
máximo
de tudo.

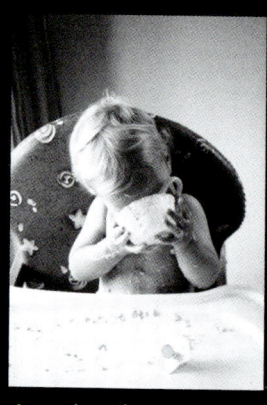

As coisas boas da vida

Ria dos outros

sempre que tiver *vontade*

As coisas boas da vida

e ria de *você* mesmo.

As coisas boas da vida

Afinal, a vida *vale a pena ser vivida.*

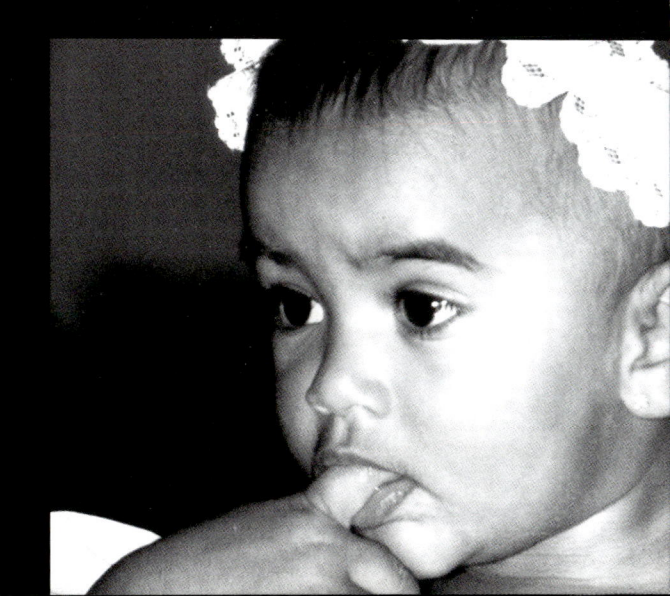

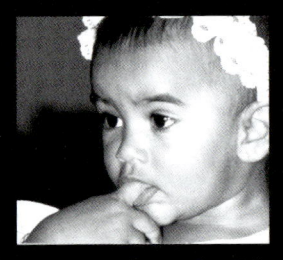

As coisas boas da vida

Não tenha dúvida,

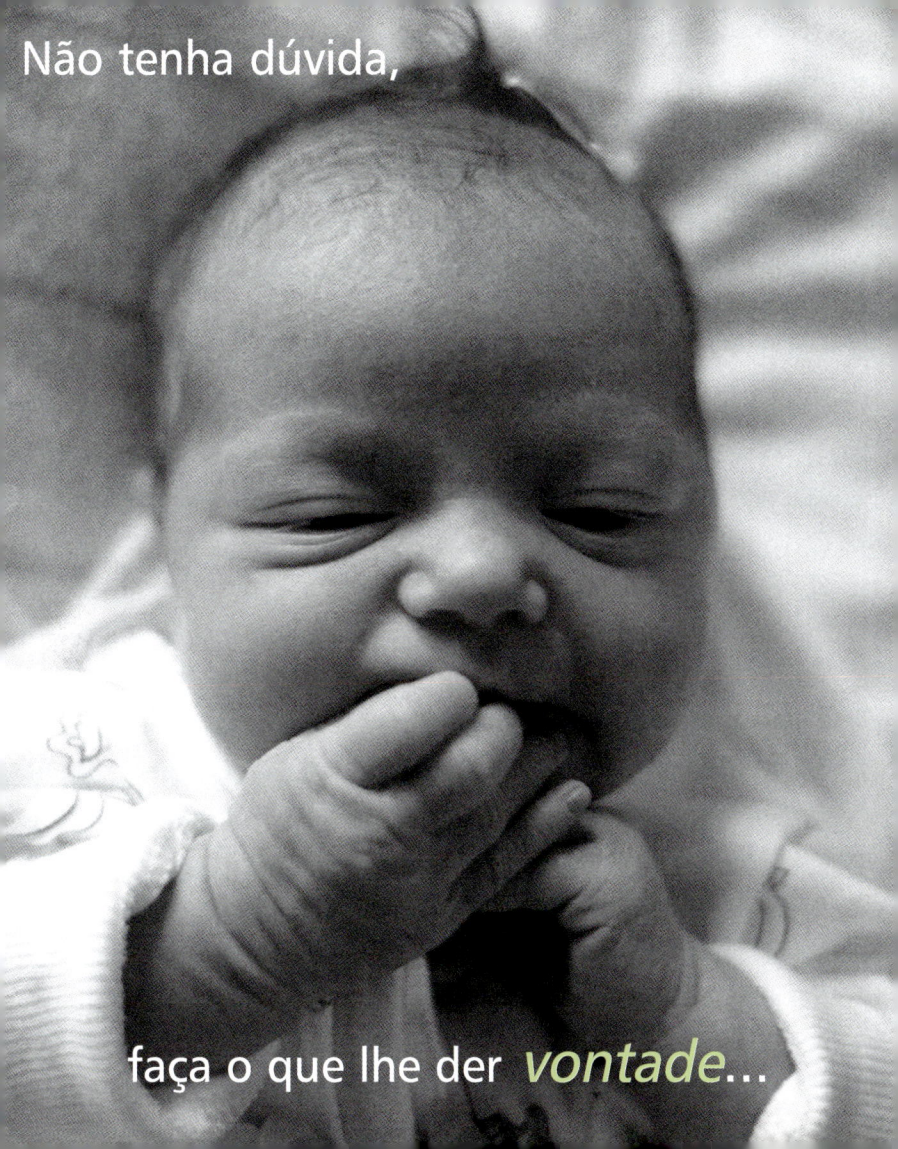

faça o que lhe der *vontade*...

As coisas boas da vida

Bolinhas de *sabão*,

só se for de montão.

As coisas boas da vida

Brincar até não agüentar mais.

As coisas boas da vida

Ter *cúmplices* nos

momentos felizes.

As coisas boas da vida

Ver o
pôr-do-sol...

As coisas boas da vida

E dar

cambalhota

na cama dos

pais, tem coisa

mais *gostosa*

do que isso?

As coisas boas da vida

E, por que não, brincar na chuva?

As coisas boas da vida

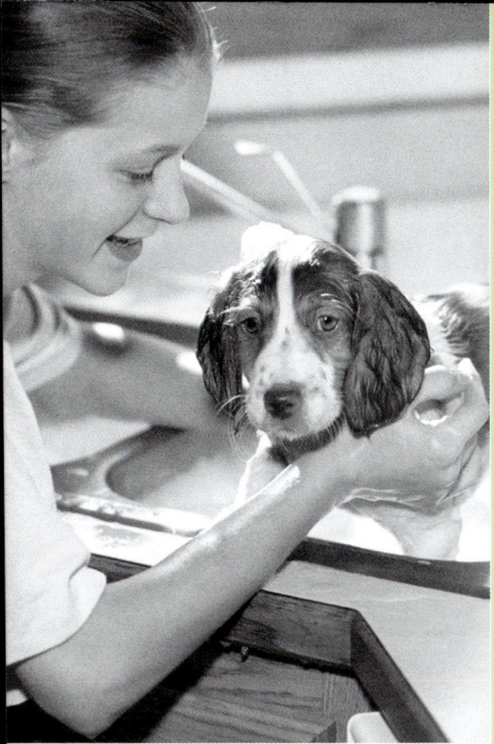

As coisas boas da vida

se arrumar, se tiver *alguém para ajudar*, melhor ainda...

As coisas boas da vida

Imaginar o que está por acontecer,

As coisas boas da vida

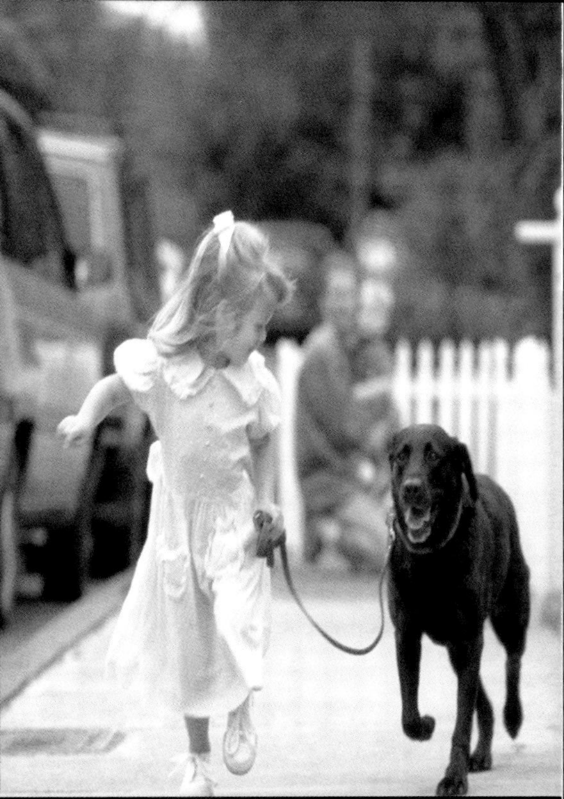

As coisas boas da vida

Muitas vezes *sem destino,*

As coisas boas da vida

sem hora pra voltar.

outras

As coisas boas da vida

O importante é *fugir da rotina*, viver perigosamente, superar os *próprios limites*.

As coisas boas da vida

Curta cada *aventura*.

As coisas boas da vida

Em alguns momentos, será preciso

pôr a boca no mundo.

As coisas boas da vida

Em outros, *estudar a situação*

As coisas boas da vida

e fazer *planos*

As coisas boas da vida

para arriscar sempre mais,

sem medo de ser feliz.

As coisas boas da vida

Não tenha *vergonha*, *expresse seus sentimentos*,

As coisas boas da vida

arrisque uma frase
envergonhada,

As coisas boas da vida

o máximo que você pode conseguir é um *SIM*.

As coisas boas da vida

O que vem depois do primeiro beijo?

Muuuiiiittttooosss beijos...

As coisas boas da vida

Curta o gosto da *vitória!*

As coisas boas da vida

Inove, mude,
seja diferente.

As coisas boas da vida

Lance *moda* sempre que tiver vontade.

As coisas boas da vida

Construa seus *sonhos* com quem você gosta.

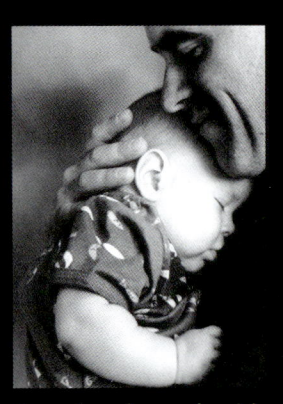

As coisas boas da vida

Trabalhe sem ver o *tempo passar!*

As coisas boas da vida

Ao chegar em casa nada como um *bom banho* para relaxar.

As coisas boas da vida

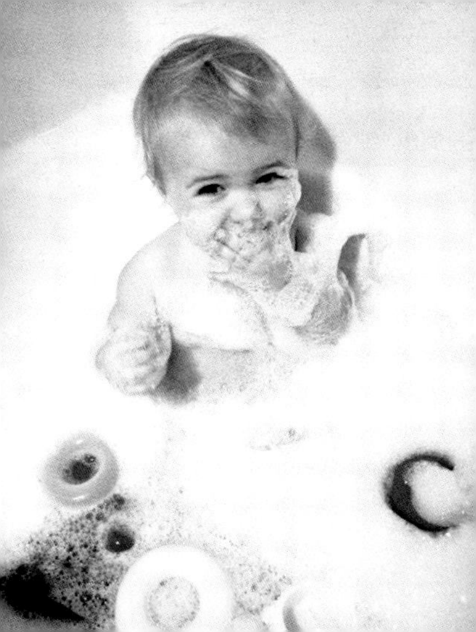

As coisas boas da vida

Ataque
a geladeira!

As coisas boas da vida

Existe coisa melhor do que comer?

Ainda mais *sem culpa!*

As coisas boas da vida

Depois tirar aquele *cochilo*,

afinal ninguém é de ferro.

As coisas boas da vida

Desfrutar

a vida,

As coisas boas da vida

andar

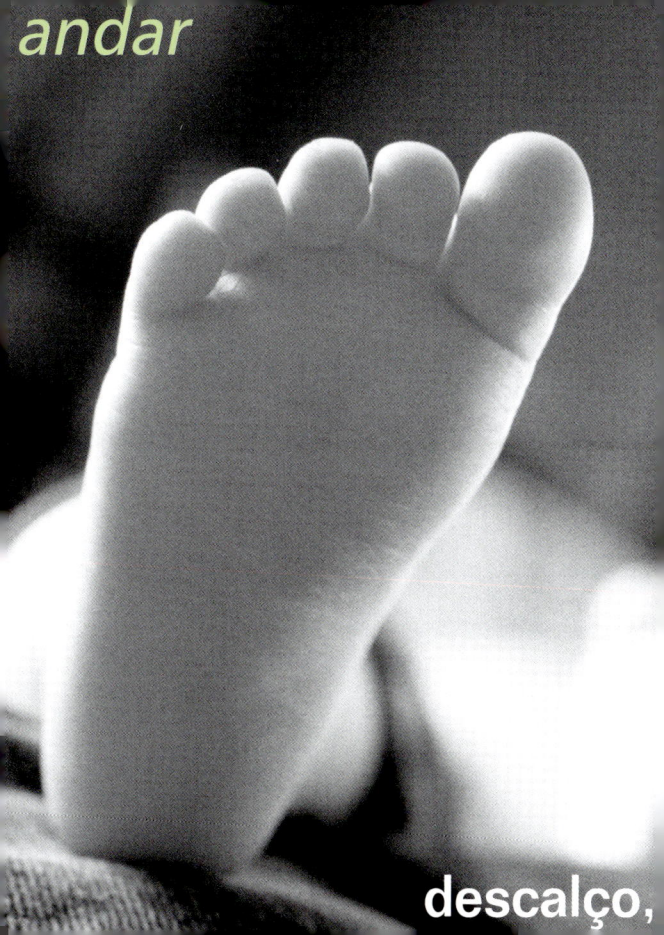

descalço,

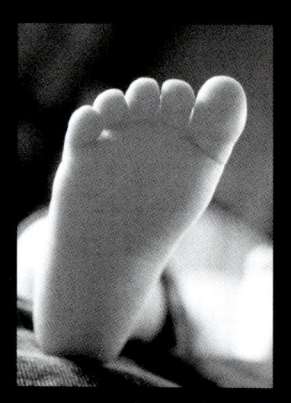

As coisas boas da vida

ou andar *livre*,

leve e *solto*,

As coisas boas da vida

sempre de

bem com a vida.

As coisas boas da vida

Felicidade
é um jeito de viver,

As coisas boas da vida

uma atitude de
agradecimento
ao mundo.

É, que pena que acabou, mas as coisas boas da vida não. Agora é com você.

As coisas Boas da Vida

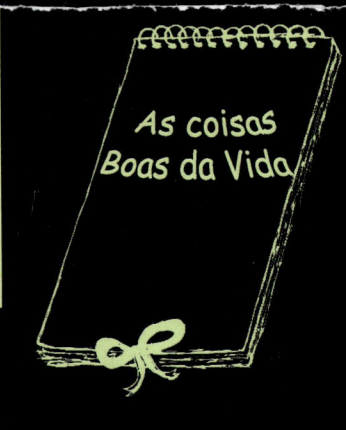

Coloque o livro na sua mesa, como um calendário, para lembrar que as melhores coisas boas da vida são simples e estão sempre perto de você!

É muito simples: vire a capa para trás e amarre as pontas das duas fitas. Aí é só escolher qual sua foto ou frase preferida, que o ajudará a nunca se esquecer das verdadeiras coisas da vida!

CB012902